CB015049

SÉRIE ESSENCIAL
ACADEMIA BRASILEIRA DE LETRAS
Diretoria de 2012
Presidente: *Ana Maria Machado*
Secretário-Geral: *Geraldo Holanda Cavalcanti*
Primeiro-Secretário: *Domício Proença Filho*
Segundo-Secretário: *Marco Lucchesi*
Tesoureiro: *Evanildo Cavalcante Bechara*

COMISSÃO DE PUBLICAÇÕES
Alfredo Bosi
Antonio Carlos Secchin
Ivan Junqueira

Série Essencial | Concepção e coordenação
Antonio Carlos Secchin

Produção editorial
Monique Mendes
Revisão
Elvia Bezerra
Projeto gráfico e Editoração eletrônica
Estúdio Castellani | Imprensa Oficial do Estado de São Paulo

Catalogação na fonte:
Biblioteca da Academia Brasileira de Letras

G216   Garcia, Maria Celeste, 1947 - .
        Rodolfo Garcia : cadeira 39, ocupante 4 / Maria Celeste Garcia. – 2.ª ed.
    – Rio de Janeiro : Academia Brasileira de Letras ; São Paulo : Imprensa
    Oficial do Estado de São Paulo, 2012.
    68 p. ; 19 cm. – (Essencial ; 6)

        ISBN 978-85-7440-138-6 (Academia Brasileira de Letras)
        ISBN 978-85-401-0064-0 (Imprensa Oficial)

        1. Garcia, Rodolfo, 1873-1949. I. Título. II. Série.

                                                                                       CDD B869.92

Esta edição adota o novo *Acordo Ortográfico da Língua Portuguesa*,
com exceção da antologia, que respeitou a grafia utilizada na época pelo autor.

SÉRIE ESSENCIAL

RODOLFO GARCIA

CADEIRA 39 / OCUPANTE 4

Maria Celeste Garcia

ACADEMIA BRASILEIRA
DE LETRAS

imprensaoficial
GOVERNO DO ESTADO DE SÃO PAULO

Rodolfo Garcia

Maria Celeste Garcia

O anotador miraculoso, ajustando datas, desfazendo enganos, revelando pormenores, numa técnica de discrição dando ao leitor a ilusão de não ter havido um esforço teimoso, indagação continua, faro de encontro feliz para o que lê sem surpresa, limitou, pela natureza das pesquisas, o número dos iniciados na justa admiração ao erudito sem tambor e pregão chamariz. Tudo quanto lhe saiu da mão meticulosa revelava a nitidez, segurança, atenção do analista, insatisfeito e desconfiado das conclusões. Foi um restaurador de minudências preciosas, completando, elucidando, fixando o texto.

(Câmara Cascudo, sobre Rodolfo Garcia)

Rodolfo Augusto de Amorim Garcia, um dos grandes nomes da historiografia brasileira ao lado de Francisco Adolfo de Varnhagen e João Capistrano de Abreu, nasceu em Ceará Mirim, no Rio Grande do Norte, em 25 de maio de 1873 e faleceu no Rio de Janeiro em 14 de novembro de 1949. Filho de Augusto de Amorim Garcia e Maria Augusta de Amorim Garcia, foi casado com Esther Oliveira de Amorim Garcia, com quem teve os filhos: Fernando Augusto, Marcelo, Maria Beatriz e Maria Madalena. Apesar de bacharel em Direito, sua vocação sempre foi a História, de que se tornou emérito e fiel cultor ao longo dos 76 anos de sua existência, ao lado de uma constante preocupação pelos estudos linguísticos especializados.

Na década de 1910 radica-se no Rio de Janeiro e se torna amigo do Conde de Afonso Celso e, posteriormente, de Américo Lacombe, Capistrano de Abreu e Hélio Viana. Na época, passou a colaborar em vários jornais, revistas e boletins publicados por instituições culturais. Em 1913 publica os *Nomes de Aves em Língua Tupi*. Data de 1914 um outro trabalho de Rodolfo Garcia, publicado somente em 1929, no Boletim do Museu Nacional, sob o título de *Sistemas de Classificação Bibliográfica: Da Classificação Decimal e suas Vantagens*, com a qual, naquela primeira data, ele havia concorrido, sem sucesso, a uma vaga de bibliotecário do Museu Nacional. Esta monografia foi considerada por Afonso d'Escragnolle Taunay "uma notável demonstração da flexibilidade de seu talento". Posteriormente, em 8 de dezembro de 1930, Rodolfo Garcia foi nomeado diretor do Museu Histórico Nacional.

Ao longo da primeira metade do século passado, na *Revista do Instituto Histórico e Geográfico Brasileiro*, Rodolfo Garcia publicou inúmeros trabalhos de elevado nível cultural, entre eles o *Dicionário de Brasileirismos: Peculiaridades Pernambucanas* (t. 76, v. 127, 1913); *A Capitania de Pernambuco no Governo de José César de Meneses* (1774-1787) [t. 84, v. 138,1918]; a "Introdução" a *O Estabelecimento de Mazagão do Grão-Pará* (t. 85, v. 139,1919); *Glossário das Palavras e Frases da Língua Tupi* t1 (t. 94, v. 148, 1923) trabalho publicado em 1922 na *Histoire de la Mission des Pères Capucins en l'Isle de Maragnan*.

Em 1922 o IHGB lançou o *Dicionário Histórico, Geográfico e Etnográfico do Brasil*, sob a responsabilidade editorial de Ramiz Galvão e com a participação de colaboradores, entre os quais Rodolfo Garcia, que foi encarregado de redigir dois tópicos: a *Etnografia Indígena* (v. I, cap. 10, pp. 249-77) e a *História das Explorações Científicas* (v. I, cap. 25, pp. 856-910).

Ainda na Revista do IHGB publica o artigo "Pedro II e as Línguas Americanas" (t. 98, v. 152, 1925) e o ensaio *As Orfãs* (v. 192, 1946). Este último ensaio resulta de uma pesquisa muito interessante, de objetivo bastante localizado, que revela o sempre presente traço da curiosidade histórica.

O seu encontro com a obra de Varnhagen marcaria a sua opção pela historiografia brasileira. Dividiu com Capistrano de Abreu a tarefa de anotar a 3.ª edição integral (1927) da *História Geral do Brasil*, de Varnhagen. Este texto foi enriquecido mediante a revisão e notas adicionais de Capistrano de Abreu, relativas ao primeiro tomo e parte do seguinte, além de revisão complementar e notas aditivas de Rodolfo Garcia à obra inteira. O resultado foi que as notas dobraram o volume original transformando esta obra no mais completo e atualizado tratado de História Geral do Brasil até então, como também reunindo num só corpo bibliográfico o saber dos três mais expressivos nomes da moderna historiografia nacional, segundo as palavras de Afonso d'Escragnolle Taunay:

> Ao confrontar a *História Geral* [*do Brasil*] de Varnhagen a *História Geral* [*do Brasil*] de Varnhagen, Capistrano e Garcia, cabe-me a impressão de que finíssimo diamante se engastou dentro de outro, da sua mesma e puríssima água, mas incomparavelmente maior.

O ano de 1930 marcou outra esmerada contribuição de Rodolfo Garcia à nossa historiografia. A Academia Brasileira de

Letras editou os *Diálogos das Grandezas do Brasil*, aos quais Garcia conferiu um aparato crítico expresso em mais de cem notas que confirmam seu elevado nível cultural que ia muito além da História. Nesse mesmo trabalho escreveu também um "Aditamento" a uma "Introdução" de autoria de Capistrano de Abreu. Para essa edição da Academia Brasileira de Letras, Rodolfo Garcia preparou adicionalmente um "Indice Alfabético", com a ortografia atualizada. Na "Nota Preliminar" à referida edição, Afrânio Peixoto afirmava: "Uma trindade benemérita, Varnhagen, Capistrano e Garcia, apraz-me repetir, uma vez ainda, e não será a última, se reúnem nestas páginas, que bem servem à nossa Cultura". Mas Rodolfo Garcia não ficou somente por aí em relação a esta obra. Quando Jaime Cortesão, em 1943, resolveu escrever uma "Apresentação" para uma nova edição dos *Diálogos das Grandezas do Brasil*, baseada no texto daquela da Academia Brasileira de Letras, Rodolfo Garcia fez questão de corrigi-la e aumentar as notas críticas, sempre em busca da perfeição.

Rodolfo Garcia pertencia ao quadro do Instituto Histórico e Geográfico Brasileiro como membro honorário desde agosto de 1921, passando de sócio efetivo a benemérito em 9 de julho de 1943.

Em 17 de novembro de 1932 assumiu a direção da Biblioteca Nacional, à qual dedicou o melhor de seus esforços, da sua inteligência e da sua erudição. Ao assumir a direção daquela instituição era grande o atraso em sua principal publicação periódica, os *Anais*, cujo último número, vol. 45, relativo aos anos de 1922-1923, fora impresso somente em 1931. Ao se aposentar em 1945 saía o vol. 65, referente ao ano de 1943. Deixa a publicação dos *Anais* atualizada. Todos os 18 volumes publicados na sua administração foram por ele pessoalmente orientados, revisados, comentados e anotados. Durante a sua gestão, lançou 50 volumes da coleção *Documentos Históricos*, dentre os quais cinco com ensaios introdutórios de sua autoria, intitulados "Explicação" (vol. 36, 1937; vol. 37. 1937; v. 38, 1937 e v. 62, 1943).

Encontrou ainda tempo para dar continuidade aos seus escritos que iam sendo divulgados nos *Anais*. Entre as inúmeras publicações que coordenou, destacamos a "Explicação Necessária" (reproduzida nos Escritos Avulsos) à *Nobiliarchia Pernambucana* de Antonio José Victoriano Borges da Fonseca [v. 47, 1925 (v. 1), 1935; v. 48, 1926 (v. 2), 1935], obra da qual foram feitas separatas; a "Explicação" e "Notas", 31 ao todo, à relação jesuítica anônima *Historia de la Fundacion del Collegio de la Capitania de Pernambuco* (v. 49, 1927, 1936), concluída em outubro de 1576 e inédita até 1923, quando foi editada em Portugal com base em um documento apógrafo existente na

Biblioteca Municipal do Porto, tendo sido publicado de novo 13 anos mais tarde por Rodolfo Garcia, com o texto revisado e amplamente corrigido em relação à edição anterior; a "Explicação" ao *Catálogo da Exposição Nassoviana* (v. 51, 1929, 1938). Esse *Catálogo* diz respeito ao riquíssimo acervo que se expôs no evento promovido por Rodolfo Garcia no ano de 1937, na Biblioteca Nacional, em comemoração ao tricentenário da chegada do Conde João Maurício de Nassau a Pernambuco. Nos *Anais* temos ainda a "Explicação" ao *Diário Resumido do Dr. José de Saldanha* (v. 51, 1929, 1938); A "Explicação" ao *Inventário dos Inestimáveis Documentos Históricos do Arquivo Imperial do Brasil Existentes no Castelo d'Eu, em França* [v. 54, 1932 (v.1), 1939; v. 55, 1933 (v. 2), 1939, 2 v.]; a "Explicação" ao trabalho intitulado *Maria Graham no Brasil: Correspondência entre Maria Graham e a Imperatriz D. Leopoldina e Cartas Anexas* (v. 60, 1938, 1940); o ensaio a que deu o nome de *Exotismos Franceses Originários da Língua Tupi* (v. 64, 1942, 1944), lançado primeiro em 1943 na *Revista da Academia Brasileira de Letras* (ano 42, v. 65) e novamente impresso em 1973 nos "Escritos Avulsos"; a "Explicação" aos *Documentos do Arquivo da Casa dos Contos (Minhas Gerais) Copiados e Anotados por José Afonso Mendonça de Azevedo* (v. 65, 1943, 1945).

Seu gabinete de diretor da Biblioteca Nacional transformou-se no que Afrânio Peixoto denominou a "Academia Garciana", onde se reuniam assiduamente amigos e discípulos, num entretenimento cultural do mais alto nível.

Josué Montello, que com ele privou e o sucedeu na direção da Biblioteca Nacional, inaugurou ali o retrato de seu antecessor, dando o nome de Rodolfo Garcia à sala da atual Divisão de Periódicos, assim evocou a sua memória:

> Pertencia ele a uma estirpe de eruditos já quase extinta, e que tinham sido levados a trabalhar na Biblioteca Nacional, graças a este fato, já hoje singular: conheciam os livros por dentro. A essa estirpe pertenciam, também, Capistrano de Abreu, Vale Cabral, Constancio Alves, João Ribeiro. Rodolfo Garcia foi, a rigor, um dos últimos remanescentes dessa geração de grandes mestres. Sabia na ponta da língua textos fundamentais da História do Brasil. Vezes sem conta, vi-o responder pelo telefone, na fumaça da pólvora, as consultas difíceis que lhe faziam, a propósito de certos fatos obscuros da história regional, que ele havia elucidado com suas pesquisas cautelosas.

Foi por incisiva sugestão de Afrânio Peixoto que Rodolfo Garcia concordou em se candidatar à Academia Brasileira de Letras, tornando-se o quarto ocupante da Cadeira 39, que tem como patrono Francisco Adolfo Varnhagen, como fundador Oliveira Lima e como seus antecessores Alberto Faria e Rocha Pombo. Eleito em 2 de agosto de 1934, na sucessão de Rocha Pombo, em 1.º escrutínio com 20 votos, derrotando Osório Dutra, foi recebido pelo Acadêmico Afonso d' Escragnolle Taunay em 13 de abril de 1935.

Suas inúmeras participações na *Revista da Academia Brasileira de Letras* demonstram presença atuante nesta Casa, como a "Comunicação acerca do Falecimento do General Luiz Sombra" (v. 52, 1936); as "Palavras do Sr. Rodolfo Garcia" (v. 55, 1938) na comemoração do segundo "Centenário de Antônio José [o Judeu]"; as "Palavras do Sr. Rodolfo Garcia" (v. 55, 1938) a respeito do desaparecimento do Barão Ramiz Galvão; a "Comunicação acerca do *História do Brasil, de Frei Vicente do Salvador* (v. 64, 1942); a "Atuação do Gabinete Português de Leitura" (v. 67, 1944); as "Palavras do Sr. Rodolfo Garcia" (v. 71, 1946) na comemoração do Centenário de Ramiz Galvão; as "Palavras do Sr. Rodolfo Garcia" (v. 73, 1947) em homenagem a Afrânio Peixoto, falecido em 1947; e as "Palavras do Sr. Rodolfo Garcia à

Biblioteca Nacional" (v. 74, 1947) pela nomeação do seu novo diretor, Josué Montello.

Após seu falecimento, os manuscritos elaborados no preparo das aulas de História Política e Administrativa do Brasil para o Curso de Museus, durante sua gestão como diretor do Museu Histórico Nacional, foram utilizados postumamente na publicação, em 1956, do *Ensaio sobre a História Política e Administrativa do Brasil (1500-1810)* com prefácio de Afonso d'Escragnolle Taunay. Também postumamente o Anuário do Museu Imperial imprimiu no v. 7, 1946-1950 um ensaio seu: *Os Mestres do Imperador*. Em 3 de julho de 1950 o jornal *A Tribuna da Imprensa*, do Rio de Janeiro, publicou um estudo inédito de Rodolfo Garcia – "Quando Humboldt Era Considerado Espião... Leis contra a Emigração e os Estrangeiros".

Pedro Calmon, em depoimento por ocasião do seu falecimento, publicado nos *Anais* de 1949 na *Revista da Academia Brasileira de Letras*, ano 48, vol. 78, disse:

> Esse magistral Rodolfo Garcia, cujo desaparecimento rouba à Academia Brasileira um de seus valores mais puros, pertencia à classe insigne dos beneditinos do saber. A categoria intelectual em que o queremos situar – a dos tranquilos sábios – além de não ser pró-

pria destes climas, exatamente se distingue pela discrição, quase diríamos pela modéstia religiosa, que a envolve de um respeitoso mistério. Lembra as clássicas minúcias da ciência germânica, a paciência monástica dos pesquisadores sem tempo para a vanglória da publicidade, o trabalho silencioso dos anônimos operários das catedrais. Filólogo, historiador, humanista, discípulo e sucessor de Capistrano de Abreu, Rodolfo Garcia faria como ele um denso tratado, que lhe custasse dez anos de vigílias, para o imprimir em dez exemplares dedicados a igual número de amigos. Amava a Cultura pela Cultura, no inesgotável solilóquio das suas meditações, sem estímulos externos que lhe alvoroçassem o espírito frio, sem a agitação interior dos ambiciosos ou dos insatisfeitos, votivamente consagrado a uma tarefa sem fim, cujo prêmio humilde é a verdade. Explica-se por esta obsessão das investigações eruditas extremes de palavreado e ênfase, a sua luminosa mania de anotar, de retificar, de corrigir, de repor no seu lugar a verdadeira verdade, documentada com aquele luxo de conhecimentos, aquela abundância de informação, aquela austera sabedoria de que tinha o domínio e o segredo. Foi por isso que abandonou cedo o seu exaustivo esforço de dicionarizar os brasileirismos, dando-nos deles um excelente catálogo – e a magnífica história das expedições científicas, talvez o mais belo capítulo do *Dicionário Histórico do Centenário*, em 1922, para comentar em notas abalizadas o livro de Varnhagen, que, de dois tomos enxutos, se alargou em cinco profusamente esclarecidos pela mais douta glosa. Bastaria essa obra de inexcedível perseverança para o imortalizar, se limitasse a ela a sua capacidade de dissipar a dúvida com a lição certa, de desembrulhar com a boa interpretação as obscuridades da velha crônica, de extrair dos seus prodigiosos arquivos a solução inédita. Mas não ficou na construção profunda desses alicerces, que mais se metem pela terra do que aparecem à vista. Assinalou a passagem pela direção da Biblioteca Nacional publicando 18 volumes do seu anuário, revistos, frase a frase, por ele próprio; escreveu numerosas monografias valorizadas pela mesma fartura de documentação; realizou o seu sonho de reeditar alguns grandes livros, postos em dia pelas notas com que os ilustrava, entre os quais os *Diálogos das Grandezas do Brasil*, o seu Frei Vicente do Salvador, o Fernão Cardim; e se preparava para maior empreendimento, com a definitiva estampa da 'etnografia' e das 'expedições" e a anotação da *História* de Roberto Southey, quando lhe faltaram olhos para o trabalho e forças para a luta. Como todos os mestres de sua exímia especialidade, deixara para a serenidade da velhice o melhor da sua obra. Mais feliz do que Capistrano, pôde completá-la em relação a Varnhagen.

José Honório Rodrigues situa bem Rodolfo Garcia na historiografia brasileira:

> Ele soube escrever com elegância, correção e, especialmente, com inteligência aquela contribuição magnífica que é a *História das Explorações Científicas.* Mas o que revela sua capacidade de historiador e o afirma como tal, capaz de intentar compreender a vida em todas as suas manifestações e de reconstituí-la numa síntese admiravelmente arguta, psicologicamente e interpretativa, é a introdução que assina na *Primeira Visitação do Santo Ofício às Partes do Brasil, Denunciações de Pernambuco* (São Paulo, 1929). Aqui, a firmeza do texto, a segurança da informação,

a beleza da composição casam-se numa apurada reconstituição da vida colonial. Aqui ele se revelou capaz de dominar os documentos, interrogá-los inteligentemente e compor a vida tal qual ela foi vivida.

Seu preparo de historiador reunia conhecimento metodológico, investigação documental exaustiva, crítica histórica apurada, capacidade de realização e composição. Nele se observam nitidamente as influências de Varnhagen e Capistrano de Abreu. Na sua teoria da História que tanto determina o destino dos seus trabalhos, domina a explicação geográfica. Estudos geográficos, pesquisas etnográficas, investigações linguísticas cimentaram sua compreensão do mundo colonial.

Por ocasião do centenário de seu nascimento, em sessão de 24 de maio de 1973 da Academia Brasileira de Letras, Josué Montello homenageou-o com um comovido depoimento: "Quando fui levado para a Biblioteca Nacional pelas mãos de Afrânio Peixoto, encontrei de braços abertos Rodolfo Garcia, com quem já me havia identificado no plano dos estudos literários e históricos, porquanto, além das pesquisas para servir à História do Brasil, ele havia feito pesquisas também sobre Bento Teixeira, iluminando certos aspectos da nossa vida cultural. Pois bem, este mestre cujo centenário transcorre amanhã, deixa-me comovido ao associar esse grande espírito à ideia de que ele completaria cem anos; foi ele um mestre com quem convivi afetuosamente, e dele quero registrar, pela primeira vez, dois episódios que me parecem reveladores de certos traços da personalidade de Garcia. Durante longos anos de investigações, ele conseguiu saber o destino daquelas órfãs que tinham vindo para o Brasil com Tomé de Souza. Um belo dia, encontrei Rodolfo Garcia andando de um lado para o outro, com seu cachimbo, tendo no rosto um ar de grande alegria, um semblante de quem tinha uma novidade a contar a um amigo. Disse-me ele no seu gabinete: – Montello, consegui casar hoje a última órfã. – Este casamento era para ele uma alegria de historiador. O outro episódio, Sr. Presidente, é um processo relativo à fundação da Bahia. Havia uma polêmica, se não me engano entre Brás do Amaral e Rodolfo Garcia, a respeito do mandato exato, sendo ele chamado a opinar pelo Ministro da Educação, Gustavo Capanema. Não sei que fim levou esse processo, mas cheguei a vê-lo. Garcia leu-o para mim no seu gabinete: era uma longa informação, recordo-me bem, de 20 páginas manuscritas, e ali estava sua opinião exaustivamente dada Para que a Academia tenha um pouco o traço daquela personalidade – que amanhã completaria cem anos, lembro-me que ao final da exposição, quando ele esgotara sua argumentação a respeito da data certa, fez ponto final e na outra linha escreveu o seguinte: – "Esta, Sr. Ministro, é a minha opinião, mas acontece que eu não sou baiano".

Este é o Rodolfo Garcia diferente que eu guardei no longo convívio pessoal, e gostaria que ficasse guardado também no registro dos nossos trabalhos, a lembrança deste amigo que para mim representa uma gratíssima emoção.

Suas obras não se contam em numerosos volumes maciços, mas tudo é do maior rigor e melhor acabamento, desde o *Dicionário de Brasileirismos*; *Nomes de Aves em Língua Tupi*; *Glossário das Palavras* e *Frases da Língua Tupi*, contida na *Histoire de la Mission des Pères Capucins en l'Isle de Maragnan*, além de vários estudos importantes como por exenplo *Os Judeus no Brasil Colonial*, *A Capitania de Pernambuco no Governo de José César de Meneses, Bibliografia Geográfica Brasileira, Nomes Geográficos Peculiares ao Brasil* e *História das Explorações Científicas.* Mas devemos destacar o trabalho de exímio anotador de grandes obras históricas, como as já citadas, a *História Geral do Brasil*, de Varnhagen, o *Tratado da Terra e da Gente do Brasil*, de Fernão Cardim, *As Cartas do Brasil*, de Manuel da Nóbrega, *Os Diálogos da Grandeza do Brasil* e o *Florilégio da Poesia Brasileira,* de Varnhagen. Cabe apontar por último, o *Ensaio sobre a História Política e Administrativa do Brasil (1500-1810)*, trabalho encerradoprematuramente por motivo de seu falecimento em 14 de novembro de 1949.

História Política e Administrativa do Brasil (1500-1810)*

[...]

O pau-brasil era encontrado no litoral de Pernambuco e Paraíba, nas vizinhanças do Rio Real, do Cabo Frio do Rio de Janeiro. Foram esses, certamente, os lugares da costa mais frequentados pelos navios dos contratantes naqueles primeiros tempos; só depois se encontrou a preciosa essência em outros pontos.

Para a facilidade dos carregamentos se criaram as feitorias, onde se juntavam o pau e mais mercadorias que deviam ser embarcadas. Situavam-se as feitorias de ordinário em ilhas, enseadas e abras, de acessível abordagem aos navios. Não passavam de uma caiçara ou cerca para defesa contra os aborígenes hostis, alguns tejupares ou ranchos para abrigo da gente nelas ocupada; teriam algum armamento, ferramenta, canoas e mais utensis. Algumas sementes de além-mar podiam ser plantadas à roda, e soltos animais domésticos de fácil reprodução. Pelo menos no Rio de Janeiro a cana-de-açúcar foi cultivada. Nas feitorias viviam de dez a vinte portugueses, talvez

---

* GARCIA, Rodolfo. *Ensaio sobre a História Política e Administrativa do Brasil (1500-1810)*. Rio de Janeiro: Ed. José Olympio, 1956, pp. 38-40.

mais, sob a chefia de um mandante ou feitor, no meio de uma população indígena, mais ou menos amiga a poder de trocas, fornecedora que era dos gêneros exportáveis. Da vida primitiva desses colonos há um depoimento interessante na carta de João de Melo da Câmara a D. João III, cerca de 1529, quando se propunha a fazer povoar o Brasil por "homem de muita sustância e pessoas mui abastadas, que podem consigo levar muitas éguas, cavalos, e gados, e todalas cousas necessárias pera o frutificamento da colônia", ao contrário dos que cá permaneciam, que se contentavam "com terem quatro índias por mancebas e comerem do mantimento da terra".

Dessas feitorias teve importância a de Pernambuco, que parece ter sido primitivamente o nome do canal que separa o continente da Ilha de Itamaracá, então chamada da Ascensão. Já devia existir quando lá esteve Cristóvão Jaques na sua primeira expedição ainda no reinado de D. Manuel e a ela fazem referências as cartas de doação de Duarte Coelho e Pero Lopes de Sousa. Quando Sebastião Caboto com sua armada por ali passou, em 1526, encontrou treze ou catorze cristãos portugueses, que faziam o trato do Brasil e eram dirigidos por um feitor, que se chamava Manuel de Braga. Foi esse feitor quem, durante os quatro meses de demora de Caboto em Pernambuco, o informou da existência de metais preciosos no Rio da

Prata, o que o fez desistir de continuar viagem às Molucas para tomar aquele destino. A Manuel de Braga devia ter substituído Diogo Dias, que era o feitor quando a feitoria, cerca de 1529, foi saqueada por um galeão de França. Martim Afonso encontrou esse feitor na Bahia, em uma nau que ia para Sofala e que ele determinou incorporar à sua armada, depois de mandar lançar em terra os escravos que trazia. O galeão francês foi apressado na costa da Andaluzia pelas caravelas, que andavam na armada do Estreito, e foi levado para Lisboa com boa carga de pau-brasil; havia deixado em Pernambuco setenta homens para povoarem a terra, com os quais pouco depois Pero Lopes justou contas.

Na ilha da enseada do Cabo Frio existia outra feitoria, provavelmente a mesma que em 1504 fundara Américo Vespúcio, segundo se viu. A essa feitoria refere-se o regimento da nau Bretoa, que determinava que os da tripulação não podiam, passar da ilha para o continente, a fim de não se deixarem ficar nele, "como algumas vezes haviam feito".

Outra feitoria foi a do Rio de Janeiro, que se conservou por alguns anos, até ser destruída pelos naturais, indignados com o proceder do feitor e companheiros. Entre as plantações abandonadas entraria a cana-de-açúcar, que Fernão de Magalhães ainda encontrou em 1519, o que, de certo modo, inquina de exagerada a opinião de João de Melo da Câmara, antes citada.

Outras feitorias menos importantes deviam ter existido em diversos pontos do litoral brasileiro, de que os documentos não deixaram memória, meros estabelecimentos efêmeros para as trocas dos produtos da terra.

De tudo quanto fica exposto, o que se pode concluir é que nesses primeiros tempos, Portugal, deslumbrado com o brilho das cousas do Oriente, nada quis ou pôde fazer na ordem administrativa a favor do Brasil, por isso que as feitorias nada mais representam do que interesses de particulares. Somente três décadas passadas depois do Descobrimento, foi que a metrópole, menos pelo sentimento do que o Brasil valia, que pelo receio de vê-lo ocupado por inimigos e estrangeiros, determinou a intentar os primeiros ensaios de colonização estável.

[...]

Exotismos Franceses Originários
da Língua Tupi*

Que de mots des langues celtique et germanique nous auraient conservé Jules–César et Tacite, si les productions des pays septentrionaux visités par les Romains, avoient differés autant des productions de l'Italie et de l'Espagne que de celles de l'Amérique équinoxiale. (Alexandre de Humboldt – *Voyage aux Régions Equinoxiales*, III, 340. Paris, 1817).

Explicação

É fato sabido que as línguas americanas em alta escala contribuíram para o desenvolvimento do idioma dos descobridores ou conquistadores do Novo Mundo.

As narrativas e viagens do século XVI e parte do seguinte, encerrando as singularidades (para empregar a apropriada expressão da época) notadas na fauna e na flora das terras novamente achadas, estão inçadas dos termos designativos dos animais, plantas e mais objetos até então desconhecidos, que os autores viam e descreviam pela primeira vez.

---

* *In: Revista da Academia Brasileira de Letras.* Rio de Janeiro, ano 42, vol. 65, 1943, pp. 157-202.

O tupi foi dos maiores contribuintes nesse saqueio operado pela civilização ocidental, o que se explica pela circunstância de que os povos, que falavam a língua depois assim chamada, eram os ocupantes da extensão mais considerável do litoral sul-americano e foram os primeiros a entrar em contato ou em choque com os navegantes e traficantes europeus, os franceses em magna parte.

Dos livros de viagens passaram aqueles termos, mais ou menos alterados, para a literatura científica, para a linguagem corrente, e daí os dicionários, incorporados ao patrimônio idiomático de cada povo. Sofreram naturalmente modificação gráfica, de acordo com a organização glótica dos indivíduos que os receberam; mas essa alteração não é tanta que a um exame mais atento se não denuncie a origem da palavra e lhe não permita a identificação quanto possível perfeita.

Não é de estranhar que de Hans Staden para Anthony Knivet, um alemão, outro inglês, as diferenças de grafia para as mesmas palavras brasílicas que registraram sejam mais sensíveis, ao passo que, entre franceses, como André Thévet, Jean de Léry, Claude d'Abbeville e Yves d'Évreux, há de notar-se relativa homogeneidade de escrita. Mesmo assim, existe nesse particular alguma discordância em seus livros respectivos.

Para exemplo, considerados aqui apenas os autores franceses, tome-se de seus escritos o conhecido vocábulo **ibirapitanga**, nome tupi da **Caesalpinia echinata**, e ver-se-á que para Thévet é **oraboutan**, para Léry **araboutan**, para d'Abbeville **ouyrapouitan**, e para d'Évreux **ybouyra-pouïtan**. Observar--se-á que a diferença de grafia entre os dois primeiros não é mais pronunciada do que a que ocorre entre os dois últimos; mas há que levar-se em conta que estes foram compartes na missão maranhense, sendo o livro de um complemento do livro do outro, além de que ambos tiveram uma fonte comum de informações, provadamente em Des Vaux e em David Migan, com os quais se acharam na sua chamada França Equinocial. E considere-se que Thévet e Léry se referem a tribos do Sul, enquanto d'Abbeville e d'Évreux se reportam às do Norte; em seus escritos, por isso mesmo, é natural que prevaleçam certas influências dialetais, que aparecem não só no vocábulo proposto como em muitíssimos outros.

Nos autores franceses, que são os que interessam ao caso presente, os vocábulos tupis vêm transcritos em forma puramente francesa ou afrancesada, algumas vezes arbitrária e caprichosa. A tarefa de sua restauração gráfica é fácil, relativamente, atendida a equivalência de som entre eles e seus correspondentes no tupi dos catequistas ibéricos.

Tem-se assim, grosso modo: **eu, ei, u, ouyh,** nos autores franceses, valendo por **i** ou **y** nos autores portugueses ou brasileiros; **au, oi ou, oy** e **ou,** correspondendo da mesma forma e respectivamente a **ou, oa** e **u**. Os demais sons não apresentam diferenças maiores. Conhecida a correspondência fonética, também é fácil estabelecer a equivalência entre os respectivos temas. Assim, tem-se nos primeiros **oua,** por **guá** ou **uá,** prefixo; nos segundos; **oui** ou **ouy,** por **gui,** prefixo; **ap** ou **aue** (**u** = **v**), por **aba,** sufixo nominal; **ouassou** ou **oussou,** por **guaçú, açú** ou **uçú,** sufixo aumentativo; **miri, miry, i** ou **y** por **mirim, î** ou **im,** sufixo diminutivo; **été** por **etê,** sufixo de superioridade; **ran** por **rana,** sufixo de semelhança; **eum** por **eima,** sufixo de negação; **peuue** (o segundo **u** = **v**) e **pem,** por **péba** e **pema,** chato, plano; **catou** por **catú,** bom; **éen** por **eêm,** doce; **rup** por **róba,** amargo, amargoso; **teuue** (o segundo **u** = **v**), por **tiba,** sufixo que indica abundância ou frequência de alguma coisa, correspondente ao latim **etum** e ao português **al,** e que aparece comumente nos topônimos, exprimindo o **ubi; endaue** (**u** = **v**) por **endaba,** lugar, sítio, pouso, etc. Os qualificativos de cor, como vêm transcritos nos autores franceses, pouca alteração oferecem; tem-se aí: **piran, pouytan** ou **poytan,** por **piranga** ou **pitanga,** vermelho; **tin** por **tinga,** branco; **iou, youp** ou **iouue** (o segundo **u** = **v**), por **yú, jú** ou **jubá,** amarelo; **aubouyh** ou

aubouih, por **obí**, azul ou verde; **on** por **un** ou **una**, negro; **pinim** ou **pynim**, por **pinîma**, pintado, pontuado, salpicado de pontos. O metaplasma **mb** é pouco frequente nos escritos franceses: os vocábulos que o deveriam conter, ora se apresentam com **b**, ora com **m**. O mesmo se nota com relação a **nd**, que ora leva uma, ora outra letra. A articulação **b** vem quase sempre mudada em **v** (**u**) e às vezes em **p**; o **l** vale por **r** muito branco; o **c** chiante vem com **ch**; o grupo **nh** é geralmente substituído por **gn**; o **p** inicial, quando vem precedido de gama nasal, muda-se em **m**, etc.

[...]

Em relação aos nomes de instrumentos, utensílios e outros, bastante variados em razão da complexidade dos objetos que designavam ou ainda designam, nem por isso se torna mais difícil sua identificação, de acordo com os radicais acima expostos. Para exemplos dessa classe de nomes podem ser citados nas duas formas em que aparecem: **boucan** (**mockaein**, Hans Staden) por **moquem**, grelha para assar carne de peixe, por extensão a própria carne ou peixe; **couy**, por **cúia**, vasilha; **ourou** por **urú**, cesto; **panacon**, por **panacum** ou **panacú**, cesto grande, oblongo; **patoua**, por **patuá**, saco de couro, ou pano; **pinda** por **pindá**, anzol; **pouyssa** por **puçá**, aparelho de pescar; **tabacoura**, por **tapacurá**, jarreteiras, ligas, ou axorcas feitas de fios de algodão, que usavam as donzelas núbeis, etc., sem contar muitos outros que permaneceram com a mesma grafia no francês e no português. Aliás, em grande parte, esses termos se acham incorporados ao léxico luso-brasileiro, ou recolhidos aos glossários tupis.

Não é demais observar que numerosas palavras americanas de procedência outra que não o tupi, aparecem nas relações de viagens referentes ao Brasil e chegaram mesmo a penetrar no dicionário brasileiro. Nesse sentido o contingente das línguas das Grandes Antilhas, onde primeiro aportaram os descobridores, é dos mais copiosos. Segundo Humboldt, *Voyage aux Régions Équinoxiales*, III, pp. 338-339, Paris, 1817, podem ser apontados, como de interesse para a botânica descritiva, os vocábulos seguintes: **ahi** (capsicum baccatum); **batata** (Convolvulus batatas); **bihao** (Heliconia bihai); **caimito** (Chrysophyllum caimito); **cahoba** (Swietenia Mahagoni); a palavra **casabi** ou **cassave** não se usa senão para o pão feito das raízes de Manihot; o nome da planta **juca** foi assim ouvido por Américo Vespúcio na costa de Paria, **Lettera a Soderini**; **age** ou **ajes** (Dioscorea alata); **copei** (Clusia alba); **guaycan** (Guajacum Officinale); **guajaba** (Psidium pyreferum); **guanavano** (Anona muricata); **mani** (Arachis Hypogoea); **guama** (Inga laurina); **henequen** (Agave antillarum, A. americana), originariamente uma erva, com a qual, segundo as narrativas dos primitivos viajantes, os haitianos cortavam os metais, hoje todo fio resistente; **hicaco** (Chrysobolanus iaco); **maghei** ou **maguei** (Agave americana, e Lucuma mammosa); **mahiz** ou **maiz** (Zea mays); **mangle** (Rhizophora mangle); **pitahaja** (Cereus pitahaya); **ceiba** (Bambox ceiba); **tuna** (Opuntia tuna); ainda nomes relativos à fauna, como **hicotea** (Chelonio); **iguana** (Lacerta iguana); **manati** (Manatus americanus ou australis); **nigua** (Pulex, hoje Tunga, penetrans); **cocujo**, espécie de vaga-lume (Eclater noctilucus); nomes de utensílios, instrumentos e outros, como **hamaca** (leito pênsil, rede); **barbacoa** (jirau formado de paus sobre forquetas, para secar carnes e tassalhos de animais, as folhas do mate, etc.); **canei** ou **buhio** (casa redonda, cabana); **chicha** ou **tschischa** (bebida fermentada); **macana** (porrete ou maça de madeira pesada, geralmente da palmeira Guilielma macana); **tabaco** (não a erva, mas o canudo de que se serviam para aspirar a fumaça do tabaco); **cacique** (chefe), etc. Outras palavras americanas, não originárias da língua do Haiti, mas vozes árabes assimiladas ao castelhano, ainda hoje se usam na América espanhola, por exemplo: **caiman** (crocodilo); **piragua** (embarcação); **papaja** (Carica); **aguacate** (Persea); **tarabita** (aparelho de transporte entre as margens de um rio); **páramo** (campo deserto, raso, aberto a todos os ventos, nos planaltos das montanhas); e mais **banana** (Musas), da língua Mbaiá, do Grande Chaco; **arepa** (espécie de torta ou pão feito de milho); **curiava** (canoa alongada); **guayuco** (peça da vestimenta); **tutuma** (fruto da Crescentia cujete, ou vaso para líquido); e inúmeras outras palavras.

Arrolando neste ensaio os principais exotismos franceses que têm origem no tupi, procurou-se estabelecer, de conformidade com a lição dos antigos autores, a época de sua incorporação ao léxico francês, e, quando possível, a da sua admissão pela Academia Francesa. Para isso foram utilizadas as oito edições do *Dicionário da Academia*, o de Boiste, que é o verdadeiro pan-lexicon francês, como o qualificou Charles Nodier, e mais os de Bescherelle, de Littré e de Hatzfeld e Darmesteter. Algumas dessas palavras não foram registradas nos dicionários; figuram, no entanto, nos tratados de Laet, Piso, Marcgrave e outros, com foros na ciência, e por essa razão foram incluídas aqui.

[...]

Narrativa de uma Viagem ao Brasil*

*Palavras do Acadêmico Rodolfo Garcia***

[...]

Em via de publicação está a *Narrativa de uma Viagem ao Brasil*, escrita por um naturalista desconhecido, que visitou o Rio de Janeiro e Minas Gerais, de 1833 a 1835.

A importância desse documento, que vale como um capítulo inédito da História das explorações científicas do Brasil, estava a exigir que fosse levantado seu anonimato antes de qualquer divulgação. Foi o que empreendi, com o zelo de antigo charadista-colaborador do *Almanaque Luso-Brasileiro...* As pesquisas, que se impunham, alcançaram resultados satisfatórios, devidos mais aos dados que o próprio documento forneceu do que à argúcia do pesquisador, que apenas teve o trabalho de deduzi-los e tem agora o prazer de apresentá-los à Academia.

O naturalista informa que saiu de Falmouth em junho de 1833; que fez uma viagem muito favorável e rápida, tanto que a 17 do mês seguinte avistava o Cabo Frio. Não disse o nome do

---

*In:*Revista da Academia Brasileira de Letras*. Rio de Janeiro, ano 42, vol. 65, 1943, pp. 157-202.
** Proferidas na Sessão do dia 30 de abril de 1941.

navio em que veio, nem o tempo que durou a travessia, nem os dias da partida e da chegada. Mas, embarcando em Falmouth, era natural que se servisse do paquete inglês que fazia a carreira daquele porto ao do Rio de Janeiro. É sabido que a convenção assinada nesta cidade, em 19 de fevereiro de 1810, por Lord Strangford, como ministro da Inglaterra, e pelo Conde de Linhares, como ministro dos estrangeiros e da guerra, estabelecera uma linha de paquetes ingleses entre Falmouth e Rio de Janeiro, mais tarde, em 1851, substituídos por paquetes a vapor entre a Europa e o Brasil. Esses paquetes eram mensais, e tão regulares que, no Brasil, a palavra **paquete** se tornou sinônima de certas coisas que só aparecem uma vez por mês.

Se o navio em questão passou pelo Cabo Frio em 17 de julho, no outro dia, com viagem normal, havia de entrar no porto do Rio de Janeiro. De fato, nas "Notícias Marítimas" do *Jornal do Commercio* de 19 de julho, que dá as entradas do dia 18, está a do paquete inglês *Reynald*, procedente de Falmouth, com 40 dias de viagem. Vê-se aí que foi esse o paquete do mês de julho, o qual devia ter saído do porto inicial a 9 de junho, para, gastando 40 dias de navegação, aqui chegar a 18 do mês seguinte. Uma travessia rápida, há um século passado, não era coberta em menor tempo. Nove anos antes, aquele mesmo paquete, saindo do mesmo porto em meados de julho de 1824, com a escritora

Maria Graham a seu bordo, aportou ao Rio de Janeiro a 4 de setembro, com 50 dias de viagem, segundo as "Notícias Marítimas" do *Diário do Governo*, de três dias depois.

Pelo visto e provado, dessa outra vez traria o naturalista autor da *Narrativa de Viagem* em questão, embora seu nome não figurasse na lista dos passageiros, da qual a *Aurora Fluminense*, de 22 de julho, destacou duas individualidades notáveis: o Conde de Saint-Priest, ministro plenipotenciário do rei dos franceses na Corte do Rio de Janeiro, e o Visconde da Pedra--Branca, senador do Império. Se os jornais tivessem publicado tal lista, como faziam muitas vezes, o caso estaria resolvido sem mais dificuldades, porque seu nome havia de aparecer forçosamente; para suprir a falta, só um recurso se apresentava, que era inquirir sobre os naturalistas ingleses que no tempo assinalado jornadearam no Brasil. Dirigidas nesse sentido as pesquisas, foi fácil de encontrar, citado por Inácio Urban, *Vitae Itineraque Collectorum Botanicorum*, etc., *in Flora Brasiliensis*, de Martius, volume I, parte 1.ª pp. 8 e 9, o nome de Sir Charles James Fox Bunbury, como o que mais probabilidades oferecia de ser o naturalista indigitado: foi ele que viajou no Brasil e Rio da Prata, de 1833 a 1835, conheceu o Rio de Janeiro e Minas Gerais (Gongo-Soco, Capão, Cocais, Ouro Preto, etc.); esteve em Montevidéu e Buenos Aires, de dezembro de 1833 a março do ano seguinte, o que tudo a *Narrativa* aponta, convertendo em certeza aquelas probabilidades. Mas, se não bastasse tal confirmação para estabelecer a identidade procurada, ainda a dois elementos de prova poderia recorrer o pesquisador:

a) O parentesco invocado pelo naturalista com o diplomata inglês Henry Stephen Fox (1791-1846), o primeiro ministro plenipotenciário e enviado extraordinário da Inglaterra em Buenos Aires desde 1830, transferido em 1832 para o Rio de Janeiro, e daqui, em 1835, removido para Washington, onde faleceu em outubro de 1846; era tio do naturalista, como este declara, e está a indicar o apelido Fox, comum aos dois, que entronca a ambos na ilustre geração de Lord Holland (1773-1840), um dos mais afamados políticos liberais da Inglaterra;

b) O fato de haver permanecido em poder de Sir Henry C. J. Bunbury, talvez seu filho (o que falta apurar), o manuscrito da *Narrativa*, adjudicado por morte do proprietário e ordem dos executores de seu testamento ao livreiro londrino já citado, conforme consta de seu catálogo de vendas.

Sendo assim, parece que não deve restar dúvida em que seja autor da *Narrativa* Sir Charles James Fox Bunbury, sobre quem apenas se consegue apurar que nasceu em 1809, em Messina, Sicília, estudou na Universidade de Cambridge, aos

24 anos fez a viagem ao Brasil, de 1837 a 1839 esteve, em companhia de Sir George Napier, no Cabo da Boa Esperança e na África Austral, em excursões botânicas, e em 1853 visitou a Madeira e Tenerife. Suas coleções botânicas repartiu-as com a Universidade de Cambridge, a Sociedade de Lineu, de Londres, e o hervário de Martius.

Que a *Narrativa* é absolutamente inédita, pode-se afirmar com segurança, depois de minuciosas buscas na bibliografia inglesa, extensivas aos melhores repertórios nacionais, como o *Catálogo da Exposição de História do Brasil*, a *Biblioteca Brasiliense*, de J. Carlos Rodrigues, e a *Biblioteca Exótica*, de Alfredo de Carvalho.

[...]

Além de seu depoimento para a história dos nossos costumes, a importância da *Narrativa* está precipuamente em que vem constituir, como já signifiquei, um capítulo novo da história das explorações científicas do Brasil, relativo à Botânica, à Geologia e à Mineralogia.

Apresentado aos estudiosos brasileiros dentro em breve tempo, tenho esperança que será recebido com as alvíssaras que merece o trabalho esquecido de Sir Charles James Fox Bunbury.

A Fundação da Bahia – Os Antigos Povoadores – Dois Jesuítas Notáveis*

*Palavras do Acadêmico Rodolfo Garcia***

Venho trazer à Academia, para sua biblioteca, os três últimos volumes da coleção dos *Documentos Históricos*, que a Biblioteca Nacional vem publicando há alguns anos.

Encerram estes volumes, dedicados ao século XVI, os provimentos seculares e eclesiásticos e os mandados de pagamentos, e outras despesas, respeitantes à administração dos três primeiros governadores-gerais, Tomé de Sousa, D. Duarte da Costa e Mem de Sá.

Durante a preparação desses documentos para oferecê-los aos estudiosos do passado brasileiro, lendo-os e relendo-os muitas vezes, devo dizer-vos que tive a justa sensação de haver dado um longo mergulho nas profundezas das origens históricas do Brasil. Desse mergulho não quero gabar-me de ter trazido muitas pérolas; mas permiti-me a vaidade de declarar que

---

* *In:Revista da Academia Brasileira de Letras*. Rio de Janeiro, ano 30, vol. 54. *Anais* de 1937 (julho a dezembro), pp. 91-101.
** Proferidas na Sessão do dia 19 de agosto de 1937.

pelo menos duas, que consegui arrancar das anfractuosidades seculares, pagam bem a pena da pesquisa afanosa.

Naquele tempo aportava à Bahia a frota de Tomé de Sousa, nomeado capitão da povoação e terras da Bahia de Todos os Santos e governador-geral de todas as capitanias e terras da costa do Brasil, com ordem real de fabricar uma fortaleza e povoação grande e forte na mesma Bahia. Para isso trazia uma legião de funcionários, oficiais de fazenda e de justiça, homens de armas, bombardeios, espingardeiros, pedreiros e outros artífices, trabalhadores e degredados. Vinha também a primeira leva de jesuítas, Manuel da Nóbrega e cinco companheiros.

Com toda essa gente chegou Tomé de Sousa à Bahia a 29 de março de 1549. Nóbrega, em sua primeira carta ao Padre-Mestre Simão (*Cartas do Brasil*, p. 71, na Coleção Afrânio Peixoto), escreveu que achou a terra em paz e 40 ou 50 moradores na "povoação que antes era" a Villa Velha, que fundara o defunto donatário à entrada da barra, e na chamada povoação do Pereira, junto a Vitória.

Aí estava Diogo Álvares Caramuru; com ele tratou o governador do desembarque e acomodação da muita gente que vinha na armada, operação semelhante a meter a Sé na Misericórdia.

Havia na povoação uma maneira de igreja, com umas casas junto, onde se aposentaram os padres e irmãos; logo na quarta dominga da quadragésima, que caiu no derradeiro de março, Nóbrega disse missa, com muita consolação de todos. O mês de abril foi todo ocupado em escolher o terreno onde devia assentar a cidade, que afinal se resolveu fosse à meia légua da barra para dentro, por ser o porto quieto e abrigado para os navios; em cortar e carrear a madeira para a cerca de pau a pique, que devia guardar a cidade das hostilidades do gentio, em precárias tréguas com os portugueses, e em outros trabalhos e providências conducentes à organização da futura sede do governo-geral. No âmbito dessa cerca havia de construir-se a nova cidade, compreendida entre o lugar que depois tomou o nome de Terreiro de Jesus e o que foi o Largo do Teatro, hoje Praça Castro Alves. Perdoai se estou a repetir cousas sabidas: faço-o porque elas são necessárias ao contexto desta exposição. Mas o que não sabeis, por isso que somente agora os documentos revelam, é que as obras da cidade se iniciaram a primeiro de maio, porque a partir dessa data é que começam a vencer soldos os pedreiros e os outros artífices que construíam os muros, as casas e os baluartes; deve ser essa, portanto, a data da fundação da cidade do Salvador, que daí por diante vem sempre referida nos provimentos e mandados.

A acreditar em Jaboatão (*Novo Orbe Seráfico*, parte segunda, vol. I, p. 21, Rio, 1859), foi no primeiro de novembro, dia de Todos os Santos, que se estabeleceu a cidade do Salvador; mas é transparente que o frade confunde a cidade com o acidente geográfico que tomou aquele nome desde a segunda viagem de Américo Vespúcio, quando foi novamente descoberto, e que se fixou nos mapas desde os primeiros até aos dias presentes. Por mais um pouco teria Jaboatão, com o calendário em punho, elegido o dia 25 de dezembro, que é o do Salvador...

Mas Tomé de Sousa não esperou tanto tempo, porque tinha pressa de fundar a cidade. Frei Vicente do Salvador (*História do Brasil*, pp. 151-152, da 3.ª edição) ouviu dizer a homens de seu tempo, que ainda alcançou alguns, "que ele era o primeiro que lançava mão do pilão para os *taipais* e ajudava a levar a seus ombros os caibros e madeiras para as casas, mostrando-se a todos companheiro afável (parte mui necessária nos que governam novas povoações)".

Em 6 de junho já o Provedor-Mor Antônio Cardoso de Barros mandava entregar a Garcia de Ávila, "feitor e almoxarife desta cidade do Salvador, e almoxarife da alfândega dela", uma resma de papel, a saber 6 mãos da marca maior e 14 de marca pequena, para se fazer os livros da alfândega. A cidade, portanto, estava fundada e sua alfândega já funcionava ou ia funcionar.

Pelo visto e alegado, a data de Jaboatão não pode ser aceita, e mais provável se me afigura a que se deduz dos mandados, isto é, primeiro de maio de 1549. Em todo caso, não desejo fazer aqui mais do que uma *emendatio* provisória, conjectural, e deixar à conta dos historiadores baianos, mais interessados e mais entendidos do que eu, que sou apenas um *vira-lata* de arquivo, a solução definitiva do problema histórico, estabelecendo a concordância dos conhecimentos com os fatos, *ædaequatio rei et intellectus*, como ensinava a prudente escolástica.

Através desses documentos podeis assistir à construção da cidade; ficais sabendo os nomes do mestre das obras, do mestre pedreiro, dos pedreiros, trabalhadores, carpinteiros, serradores de madeira, ferreiros, serralheiros, cavoqueiros, do mestre de fazer cal e dos caieiros, dos telheiros e outros artífices; tomais conhecimento de quanto venciam de soldos e da maneira por que os recebiam, em dinheiro de contado ou em mantimentos.

As casas da cidade eram ordinariamente de taipa e cobertas de palma, ao modo dos indígenas, como testemunhou Gabriel Soares, e confirmam os mandados, com relação, por exemplo, às casas para a cadeia e câmara, para recolher o sal, na Ribeira, para o armazém da cidade, a casa da pólvora, o açougue e outros edifícios; mas também se faziam paredes de taipa grossa, de pedra insossa e de pedra e cal, como seriam os muros circundantes e os baluartes, que 6 foram construídos, 2 ao longo do mar e 4 da banda da terra. Também se empregavam telhas, que custavam 2$000 o milheiro, se eram de boa qualidade, e de 1$200 a 1$600, se eram mascavadas.

A cal era extraída dos sambaquis; havia três fornos na Ilha de Itaparica, onde se fazia muita e se vendia a 500 réis o moio, ou 60 alqueires. O transporte do material era feito por terra em carros de bois, ou por mar, do recôncavo e das ilhas fronteiras, em barcos e canoas.

Na Ribeira trabalhavam carpinteiros e calafates, reparando os navios das armadas que vinham à Bahia, ou construindo caravelões e outros barcos. O caminho da Ribeira à cidade, feito de empreitada, custou 3$540, que o empreiteiro recebeu parte em dinheiro e parte em mercadorias; havia um indivíduo encarregado da limpeza dos muros da banda de dentro e de fora, que tinha por esse serviço de 40 a 800 réis por mês.

Dos primitivos povoadores da terra estava presente Diogo Álvares Caramuru, como um patriarca, com seus cinco genros e a numerosa prole. Caramuru ajudou a Tomé de Sousa nos preparativos da cidade, como já disse, e depois vendeu ao provedor-mor para Sua Alteza, pela importância de 15$000 em dinheiro, um caravelão de sua propriedade; vendeu ainda para Sua Alteza 17 alqueires de farinha da terra feita entre os brancos, pelo preço de 1$700 em mercadoria. Isso por volta de 1553, nos últimos dias do governo de Tomé de Sousa; em 3 de outubro de 1557 falecia e era sepultado no Colégio de Jesus, segundo informa Jaboatão (*Catálogo Genealógico.In:Revista do Instituto Histórico*, tomo LII, parte 1.ª p. 84).

De outros povoadores, que chegaram à Bahia antes do estabelecimento do Governo-Geral, lá se encontrava Egas Moniz Barreto, com seus quatro filhos, Diogo, Duarte, Henrique e Jerônimo, e mais uma filha, D. Inês. Era gente de prol, originária da Vila de Machico, na Ilha da Madeira (não da Ilha Terceira, como por engano escreveu Jaboatão, *Catálogo Genealógico* citado, pp. 144-145), com galharda descendência brasileira, que perdura há 400 anos. Todos tiveram cargos na República, como vereadores da Câmara da Bahia; Diogo Moniz foi alcaide da cidade do Salvador e provedor do hospital, ainda no governo de Tomé de Sousa.

Em tempos anteriores à chegada do primeiro governador já estava em Porto Seguro o castelhano Felipe Guillén, que é uma das figuras mais curiosas de nossa História. Foi boticário em Sevilha ou no Porto de Santa Maria, tinha fama de astrólogo e de grande jogador de xadrez, e passou a Portugal com o intento de oferecer a D. João III um instrumento de sua invenção para determinar longitudes; por isso teve uma tença de 15$000 com o hábito de Cristo e um emprego na Casa da

Índia. Averiguada a falsidade de seu invento, Guillén pretendia fugir para a Espanha, quando foi preso. Nessa ocasião Gil Vicente dirigiu-lhe estas trovas:

"Con sobra de pensamientos / Que continos penso yo, / No supe de los tormentos/ Que la desdicha os dió, / Sino a hora á dos momentos, / Que supe vuestras pasiones/ Todas buscadas por vos:/ Porque los santos barones / Concluen que las prisiones/ Son por justicia de Dios. // A' muchos hizo espantar /Vuesa próspera fortuna, / Pues nunca vistes la mar/ Ni arroyo ni laguna, / Supistes muy bien pescar. / Diciendo el pueblo travieso/ Contra vós, sabio profundo, / Por emendar-se el avieso/ Justo fue que que fuese preso/ Ei mas suelto hombre del mundo. // Yo les dije con buen zelo, / Por el bien que en vos se encierra: / Este hombre subió al cielo, / De cielo miró la tierra, / En la terra vido el suelo, / Del suelo vió el abiso, / Del abiso vió el profundo, / Del profundo el paraiso, / Del paraiso vió el mundo, / Del mundo vió cuanto quiso. // Ansi que por esta via/ Es de los sabios el cabo, / Que sin ver astrolomia/ E' l toma el sol por el rabo/ En cualquiera hora del dia. / Respondieron al contrario, / Diciendo: No es verdad; / Porque dende chica edad/ No fue sino boti-

cario,/ Hasta ver esta ciudad. / Respondiles con gran ira: /
No digais mal de mi amigo, / Que cuando trata en mentira, / La mentira es ser testigo, / Tan dulcemente la espi-
ra. / Alegué por parte vuestra/ Lo que sé de vuestro enga-
ño, / Porque mostrais de una muestra,/ Despues vendeis
falso paño,/ Como luego se demuestra.// Esto me plugo
escribir/ Porque habeis de responder,/ Y otra vez me habeis de oir, / Para acabar de decir / Lo que os queda por
hacer./ De todo esto es de creer, / Que la bondad de esta
tierra/ Siempre fue y ha de ser, / Que á si misma hace
guerra, / De buena, por bien hacer. // Si el trovado no
está/ Conforme á vuestra elocuencia, / Pues que dice la
verdad, / Repórtome á la sentencia / Lo al vaya como va".

Depois desse insucesso, Guillén emigrou para o Brasil,
cerca de 1537, provavelmente com os colonos arrebanhados
por Vasco Fernandes Coutinho para sua capitania. Passou depois para a Bahia, onde perdeu a mulher e um filho em uma
semana; com as três filhas que lhe restavam foi para Porto Seguro. Quando Tomé de Sousa determinou de fazer uma entrada ao sertão em busca de minas, cogitou em confiar a direção a Guillén. Ele próprio, em carta ao rei, explica por que
deixou de chefiar a Bandeira:

Ele [Tomé de Sousa] estava determinado para me mandar ao descobrir, porque é necessário para isso um homem de muito siso e cuidado, e que saiba tomar a altura e fazer roteiro de ida e vinda e olhar a disposição da terra, e o que nela há, porque sem dúvida há lá esmeraldas e outras pedras finas, e como eu não deseje mais que gastar a vida em serviço de Deus e de Vossa Alteza, disse que ia, enganando-me a vontade no que a idade me tem desenganado: adoeci muito mal dos olhos, e assim ficou" (Varnhagen. *História Geral*, tomo I, p. 337, da 4.ª edição).

Ainda vivia cerca de 1571. Vinte anos depois de sua morte, era acusado de atos de judaísmo perante a mesa do Santo Ofício, na Bahia, em 1591. Guillén escreveu várias cartas que hoje correm impressas e são bastante informativas de nossa História colonial, no largo trecho em que ficou no Brasil.

O primeiro físico e cirurgião que pairou por estas pragas, com cargo oficial, foi o Licenciado Jorge de Valadares. Tem-se dito e escrito que foi o Licenciado Jorge Fernandes; mas os documentos agora publicados eliminam toda dúvida a respeito. Valadares veio na armada de Tomé de Sousa e começou a vencer seu soldo e mantimento (2$000 e 400 réis, respectivamente, por mês), a partir de primeiro de maio de 1549. De seu soldo vencido mandou o governador, em 8 de maio de 1550, que se pagasse ao meirinho Antônio de Aragão 1$300 em mercadorias, de certa penalidade em que incorreu o físico. Devia ter-se retirado da Bahia com o primeiro governador, porque com o segundo veio outro físico, o Licenciado Jorge Fernandes. Por alvará de 10 de maio de 1557 foi ordenado que se passasse certidão em forma de todo o dinheiro que liquidamente fosse devido a Jorge de Valadares, para seus herdeiros haverem pagamento. Naquela data já era falecido.

O Licenciado Jorge Fernandes, que foi o segundo físico que veio do Brasil, acompanhou D. Duarte da Costa e serviu durante três anos. A primeiro de julho de 1556 o governador mandou riscá-lo da folha de pagamento, mas a 22 mandou readmiti-lo. Teve questões com D. Duarte, mas não era amigo do bispo: "[...] as qualidades do bispo bastam para despovoar um reino, quanto mais uma cidade tão pobre como esta" – escreveu a D. João III em carta da Bahia, de 10 de julho de 1555 (*Revista do Instituto Histórico,* tomo XLIX, parte 1.ª, pp. 579-581). Fernandes faleceu na cidade de Salvador, em junho de 1567.

A respeito do primeiro bispo, D. Pero Fernandes, há nestes documentos mais de uma novidade. De seu gênio atrabiliário e briguento dão conta as palavras que repeti, do Licenciado Jorge Fernandes. Foi ele realmente quem inaugurou a série de lutas entre os poderes espiritual e temporal, que vingaram no Brasil colônia quase sem interrupção, durante os dois primeiros séculos. O naufrágio da nau *Nossa Senhora da Ajuda* e a consequente matança do Cururipe vêm aqui assinalados a 16 de junho de 1556, data em que se pôs verba aos seus ordenados.

Ao contrário do bispo, foi o seu Vigário Geral Dr. Francisco Fernandes um espírito de paz e concórdia na diocese, que governou durante a sede vacante, até 4 de dezembro de 1559, quando chegou o novo bispo D. Pedro Leitão, a quem ajudou até 1 de agosto de 1560, em que devia ter embarcado para o reino. Seus serviços foram louvados por D. Pedro Leitão em carta à rainha, rogando que o despachasse muito bem, por isso que fora ele

> [...] o primeiro que a esta terra veio a servir este cargo (de vigário geral), com tantos perigos de mar e trabalhos de terra, porque enxerguem e vejam os que lhe houverem de suceder quão bem agalardoados hão de ser, quão favorecidos de Vossa Alteza, porque não vendo isto não acharei pessoa que queira vir à terra tão pobre sem esperança de ser remunerado de seus serviços (*Revista do Instituto Histórico*, tomo XLIX, parte 1.ª, p. 589).

Passo sobre outras muitas notícias interessantes destes documentos, para mencionar apenas duas, que serão daqui a poucos segundos devidamente apresentadas. São as pérolas, a que aludi no começo desta palestra, trazidas do mergulho ideal no mar da História.

A primeira refere-se à entrada na Companhia de Jesus do Irmão João de Sousa, que os historiadores jesuítas assinalam como sucesso de 1553, e que pode agora ser circunstanciadamente retificada.

João de Sousa, parente do primeiro governador-geral do Brasil, veio em sua companhia assentado como homem de armas e foi por ele enviado para a Capitania de São Vicente em data posterior a 3 de agosto de 1549, quando lhe pagaram na Bahia o soldo de todo o mês de maio até o último de julho. Em 15 de setembro de 1551 o Provedor-Mor Antônio Cardoso de Barros mandou que o feitor de São Vicente pagasse ao Padre Manuel de Paiva, maioral dos jesuítas ali, 4$500 em dinheiro, devidos a João de Sousa e correspondentes a nove meses de soldo, de primeiro de novembro de 1549 ao derradeiro de julho de 1550, em que foi riscado por se ter metido na Companhia de Jesus. Em 1554, foi enviado pelo Superior Manuel da Nóbrega com o Irmão Pero Correia a pacificar os Carijós. Pelo Natal desse ano, foram os dois jesuítas flechados pelos índios e morreram heroicamente. O Padre Bartolomeu Guerreiro, na *Gloriosa Coroa d'Esforçados Religiosos da*

Companhia de Jesus Mortos pela Fé Católica nas Conquistas dos Reinos da Coroa de Portugal, pp. 306-307 (Lisboa, 1642), narra assim o sucesso:

> Por ordem do Padre Manuel de Nóbrega superior, foi P. Pero Correia com o Irmão João de Sousa a compor os Carijós com outro gentio vizinho, por todos terem grande respeito à virtude do P. Pero Correia. Tinha o Padre tirado do pecado mortal a um Castelhano muito conhecido dos Carijós, estava ele muito sentido de o desviarem de sua perdição, com lhe tirarem a ocasião dela. E esquecido de outras muitas boas obras, que o P. Pero Correia lhe tinha feito: determinou vingar-se dele por traição com o entregar aos Carijós, para que o matassem, persuadindo-lhes que o Padre e o Irmão estavam confederados em seu dano com os inimigos. De sorte que quando o não cuidavam, se acharam os dois inocentes rodeados dos Carijós armados contra eles, e tão persuadidos do traidor, que nenhumas razões bastavam para dissuadi-los de seu mau propósito. No primeiro lugar mataram ao Irmão João de Sousa, que estava em oração: era este Irmão mui devoto, sem cuidado mais, que da sua cozinha, e outras ocupações humildes.

Mataram, em segundo lugar ao Padre Pero Correia posto também de giolhos em orações, largando da mão o bordão com que caminhava, para as levantar ambas ao Céu, como lá tinha os olhos e nesta postura acabou a vida.

"O Irmão João de Sousa" – escreveu Anchieta – em *Cartas, Informações, Fragmentos Históricos e Sermões*, maravilhosamente anotados pelo saudoso António de Alcântara Machado, na Coleção Afrânio Peixoto, p. 77, Rio, 1933, "também foi dos primeiros que aqui entraram na Companhia, donde nos deu a todos mui bom exemplo; e assim do ofício de cozinheiro, o chamou o Senhor a tão gloriosa morte. Não podemos deixar de nos envergonhar, vendo que os dois irmãos recebidos no Brasil correram mais que nós outros que viemos de Portugal."

A segunda refere-se ainda a um jesuíta notável, o Padre Rodrigo de Freitas, de quem não se sabia onde e quando tinha entrado para a ordem. Os documentos agora divulgados informam suficientemente a respeito. Veio para o Brasil com Tomé de Sousa, era cavaleiro da casa real e tinha um ofício de fazenda, o de escrivão da matrícula geral. No governo a D. Duarte da Costa, com "as malícias deste tempo e a má vontade que me tem o governador e o ouvidor (Brás Fragoso), que também serve de provedor-mor", foi preso, condenado em degredo e em dinheiro sob acusação de alcance verificado nos livros do armazém da matrícula *(Apontamentos do Escrivão do Salvador, Rodrigo de Freitas, In:História da Colonização Portuguesa do Brasil*, vol. III, pp. 367-371). Rodrigo de Freitas era casado; sua sogra morreu no naufrágio da *Nossa Senhora da Ajuda*, com o primeiro bispo, o deão, dois cônegos, o provedor-mor e outras pessoas. Por provisão real de 5 de outubro de 1555 foi nomeado escrivão das rendas de Sua Alteza no Brasil. Por esse tempo devia ter enviuvado, por isso que Mem de Sá proveu em seu ofício, em 4 de outubro do ano que está em branco, mas é de 1560, a Sebastião Álvares, "por Rodrigo de Freitas... se meter na Ordem dos Padres da Companhia de Jesus, e não poder servir o dito ofício, conforme a Direito, e Ordenação de Sua Alteza..."

Rodrigo de Freitas passou a Pernambuco em 1568; em fins de 1573 veio para a Bahia como Dr. Antônio de Salema, e daí seguiu para Lisboa, levando em sua companhia o índio Ambrósio Pires; voltou ao Brasil em 1583 com o visitador Cristóvão de Gouveia e o Padre Fernão Cardim.

Agora o ofertório; a Afrânio Peixoto, presente, e a Serafim Leite, ausente.

Varnhagen e Garrett*

*Palavras do Acadêmico Rodolfo Garcia***

Varnhagen e Garrett encontraram-se em uma das encruzilhadas da vida, compreenderam-se e foram bons e cordiais amigos. Foi isso por 1841 a 1846, em Lisboa. Garrett estava no pináculo de sua gloriosa carreira literária, mestre incontestável da poesia, do romance e do drama; Varnhagen não era mais do que um principiante nas Letras, embora já então tivesse dado provas provadas do que viria a ser pelos dias afora. Entre eles havia sensível diferença de idade, que militava a favor de Varnhagen, nascido em meio da segunda década do século XIX (1816), enquanto Garrett viera ao mundo no penúltimo ano da centúria antecedente (1799); mas não foi isso impedimento para que, espíritos congenitais, se estimassem e admirassem mútua e sinceramente. Foi Garrett talvez o único literato, cujas relações Varnhagen teria cultivado sem restrições e, sobretudo sem rusga –, o que é deveras para assinalar, em se tratando daquele que discutiu e brigou até com João Francisco Lisboa, o sereno e cordato *Timon* maranhense.

---

* *In: Revista da Academia Brasileira de Letras*, ano 47, vol. 75. *Anais* de 1948, janeiro a junho.
** Proferidas na sessão do dia 01 de abril de 1948.

Do próprio Varnhagem são as informações a respeito de Garrett, engastadas nas páginas meio esquecidas de sua preciosa monografia "Da Literatura dos Livros de Cavalaria", Viena, 1872, nota X, pp. 237-245.

Naquele tempo estabelecera-se íntima convivência, quase diária, entre o poeta português e o historiador brasileiro; tinham os dois no Teatro São Carlos assinaturas na superior, com assentos vizinhos, e muitas vezes, depois do espetáculo, nas belas noites de luar lisbonense, saíam dali a passear e conversar, em encantadora vagabundagem intelectual, durante uma e duas horas, no Largo das Chagas, não longe das casas em que moravam, Varnhagen na rua do mesmo nome do largo, e Garrett na rua próxima do Alecrim. Aos dois juntava-se quase sempre o Conde de Lückner, encarregado de negócios da Dinamarca na Corte portuguesa, amigo de Varnhagen e vizinho de cadeira no São Carlos. Era um nobre diplomata e fino cultor das boas Letras; seu nome aparecerá mais de uma vez nesta resenha.

Tal era a amizade e a confiança de Garret por Varnhagen, que lhe fiava os manuscritos originais de suas composições antes de lhes dar os derradeiros retoques e de fazê-las representar no teatro, como notadamente aconteceu com o "Frei Luís de Sousa" e com o "Alfageme de Santarém, ou a Espada do Condestável". Que a concordância de suas opiniões era perfeita, cite-se como comprovação o caso daqueles célebres versos de Valdevinos, no "Marquês de Mântua" de Cordel:

– Oh valentes cavaleiros!
Reinados de Montalvão!
Oh esforçado Roldão!
Oh Marquês Dom Oliveiros!

Que Varnhagen desconfiava tanto pela forma, como pela linguagem, fossem mais modernos que Gil Vicente, ou de princípio do século XVII. Deu-lhe razão Garrett, que anteriormente a respeito tinha outras ideias, chegando ambos à conclusão que seriam, como de fato são, posteriores ao ano de 1619, e, por conseguinte depois da edição de 1613 do "Carlos Magno", dada em Lisboa, na língua castelhana.

Tinha Garrett manifesta predileção pelas letras espanholas. Varnhagen revela que seu amigo, antes de escrever qualquer composição se "enfronhava" e "refrescava" um pouco seu espírito nos romances de Castela, por isso que levava em alta conta a correspondência entre os dois idiomas da Península. Por outro lado, como em abono da maneira de Garrett, acrescenta que várias vezes, em Madrid, ouvira de D. Agustin Duran, o famoso autor do *Romanceiro*, a afirmativa de que muito aprendera da boa linguagem castelhana com a leitura dos escritos lusos de Gil Vicente, de Jorge Ferreira e de Camões.

Das obras de Garrett aquela que exerceu maior fascinação no espírito de Varnhagen foi certamente o drama de "Frei Luís de Sousa". Por influência sua foi que o citado Conde de Lückner o verteu para o alemão, conferindo com ele a tradução e solicitando-lhe escrevesse, para prefácio, um artigo sobre o ilustre autor, a que acedeu com o maior prazer. Saiu então: "Luís de Sousa", von J. B. de Almeida Garrett. Aus dem Portuguiesischen in's Deutsche übertragen, von W. L. (Wilhelm Lückner). Frankfurte a. M. Gedruckt bey August Osterrieth, 1847. In-8, de VIII, 116 págs.

O prefácio de Varnhagen, em língua alemã, assinalado por suas iniciais A. V., ocupa as págs. V-VIII. Esse prefácio é mais ou menos desconhecido dos bibliográficos: cita-o, felizmente, o erudito Clado Lessa, na Bibliografia adjunta ao *Florilégio da Poesia Brasileira*, vol. 1, pp. XIX-XX, da Coleção Afrânio Peixoto.

Foi do mesmo modo, por sugestão de Varnhagen, que seu amigo, o Cavaleiro Giovenale Vegezzi-Ruscala, o fidelíssimo tradutor da *Marília de Dirceu*, passou para o italiano a obra de Garrett, sob o título – *Fra Luigi di Sousa* – Drama de G. – B. Almeida Garrett. Torino, 1852. In-8., de 84 págs. Outra edição, Milan, 1860.

Da interferência de Varnhagen nessas traduções nunca soube o seu amigo, porque aquele, procedendo sempre com discrição, jamais lhe dissera palavra a respeito; mas da edição alemã veio a saber depois, e o lembrava em carta de felicitações pelo seu aniversário (17 de fevereiro de 1851), na qual a certa altura escrevia:

> Não fará com que o ponha em Castelhano (o "Frei Luís de Sousa") algum dos nossos vizinhos? Eu estimava. Digo sobre isto: o meu amigo, que tanto contribuiu para que Frei Luís se fizesse tedesco, é que devia fazer nacionalizá-lo na língua e na terra de Calderón.

Outra carta anterior (de 3 de junho de 1850) que Varnhagen quase transcreve integralmente na mesma nota, lembra com saudades a sua convivência em Lisboa, e pede notícias do amigo Lückner:

> Meu caro amigo. Chegou-me a sua cartinha pelas mãos do nosso D. Francisco (de Meneses), e me deu por dobrados motivos muito prazer. Creio na sua viva lembrança, porque a avalio pelas muitas saudades que sempre tenho de nosso trato e convivência.

Eu aqui vegeto, e nem estudo, nem me embriago com proezas. Sigo o "rum-rum" da nossa pacífica e monótona existência lisbonense. Tive novas suas muitas vezes neste longo intervalo. F. e F. (nomes de senhoras que, por discrição, Varnhagen achou de omitir: seriam talvez suas namoradas...), me contaram muito de sua vida, e Dal Borgo e todos os que daí vêm, porque a todos pergunto de suas coisas...

Que sabe do nosso Lückner? Eu há muito que dele não ouço.

A última escrevinhadura minha, que se imprimiu, foram uma comédia e essa necrologia que lhe mando.

Adeus, viva feliz, e venha fazer-me uma visita, assim que possa. E creia sempre na verdadeira amizade de seu amigo, etc.

A respeito do Conde de Lückner, Varnhagen sabia de um caso íntimo, que teria certamente transmitido ao amigo; relata-o na aludida nota e, para lhe não tirar o encanto original, vai aqui reproduzido quase com as mesmas palavras. Lückner professava o Protestantismo, de uma comunhão que permitia e permite novo casamento, passado o divórcio. Depois de ser pai uma vez, separara-se dele a esposa, rica filha de Eleitor de Hesse-Cassel, muito jovem ainda, e consorciara-se com outro, certo Barão de Watzdorf, de quem houvera três filhos e de quem acabava de enviuvar. Em 1847, no teatro de Dresden, cidade onde residia, era levada à cena a tradução do "Frei Luís de Sousa". A baronesa viúva foi assistir ao espetáculo. Presente estava o tradutor, seu ex-marido; ali haviam de encontrar-se, pela primeira vez, depois de alguns anos de separação. A analogia de sua mesma situação com a situação dos personagens do drama garretiano teria feito reacender a chama do antigo amor e produzido o inesperado, que foi a reconciliação e logo o segundo casamento do conde com a sua própria mulher.

Por seu ineditismo nos costumes sociais da época, tal recasamento fez bulha nas rodas mundanas das cortes europeias, onde o casal era conhecido, e chegou mesmo a ser assunto de artiguinhos nos jornais franceses. Mas o que Varnhagen verificou foi que, apesar de tudo, o par vivia feliz e satisfeito da vida, retirado do mundo, em uma quinta acastelada nos arredores de Dresden, quando foi fazer-lhe uma visita de cordialidade, em 1853. A condessa, que ele achou ser o retrato ao vivo da Rainha D. Maria I, contava então mais um fruto de sua terceira lua de mel.

Esse interessante Conde de Lückner ter-se-ia correspondido com Varnhagen, que por ele manifestou mais de uma vez viva simpatia; das cartas que teriam trocado não existe nenhuma notícia. Talvez apareçam um dia, que seria de festa para os pesquisadores literários.

Com relação à correspondência entre Garrett e Varnhagen, sabe-se que foi longa e regular, para um frouxo correspondente, como era o poeta; durou até seus últimos dias. Varnhagen conservou suas cartas com o maior carinho e pensava em publicá-las, incluindo na publicação nada menos de 83 missivas (de 1838 a 1844) do Cardeal Saraiva, o Bispo-Conde de São Luís. Deixando-as em um hotel da Rua dos Inválidos em uma de suas estadas no Rio de Janeiro, em 1859, sucedeu que o hotel sofresse uma das costumeiras inundações que de vez em quando assolam esta formosa cidade, e da enxurrada resultou ficarem as cartas mais ou menos ensopadas e manchadas de barro vermelho; ainda assim, depois de convenientemente tratadas, podiam ser lidas sem maiores dificuldades.

Hoje não se sabe onde se encontram as cartas de Garrett. Quem ocupa vossa preciosa atenção neste momento tem empreendido pesquisas, até agora sem resultado positivo, no sentido de localizá-las. Se um dia conseguir esse *desideratum*, compromete-se a copiá-las e publicá-las nos *Anais da Academia*, com as anotações que se fizerem necessárias, em honra e louvor de Varnhagen, que é o santo de sua especial devoção.

SÉRIE ESSENCIAL

001   Oswaldo Cruz, *Moacyr Scliar*

002   Antônio Houaiss, *Afonso Arinos, filho | 1.ª ed., ABL, esgotado.*

003   Peregrino Júnior, *Arnaldo Niskier*

004   João do Rio, *Lêdo Ivo*

005   Gustavo Barroso, *Elvia Bezerra*

006   Rodolfo Garcia, *Maria Celeste Garcia*

IMPRENSA OFICIAL DO ESTADO DE SÃO PAULO

Coordenação Editorial: *Cecília Scharlach*
Assistência Editorial: *Ariadne Martins*
Assistência à Editoração: *Ana Lúcia Charnyai*
Fernanda Buccelli
Marilena Camargo Villavoy
Marli Santos de Jesus
Teresa Lucinda Ferreira de Andrade
Editoração, CTP, Impressão e Acabamento: *Imprensa Oficial do Estado de São Paulo*

Proibida a reprodução total ou parcial sem a autorização
prévia dos editores

Direitos reservados e protegidos
(lei nº 9.610, de 19.02.1998)

Foi feito o depósito legal na Biblioteca Nacional
(lei nº 10.994, de 14.12.2004)

Impresso no Brasil
2.ª edição

Formato: *13 x 18,5 cm*
Tipologia: *Caslon*
Papel Capa: *Cartão Triplex 250 g/m²*
Miolo: *Chamois Fine Dunas 120 g/m²*
Número de páginas: *68*
Tiragem: *2000*

Rua da Mooca, 1.921 Mooca
03103 902 São Paulo SP
sac 0800 01234 01
sac@imprensaoficial.com.br
livros@imprensaoficial.com.br
www.imprensaoficial.com.br

GOVERNO DO ESTADO DE SÃO PAULO

Governador: *Geraldo Alckmin*

Secretário Chefe da Casa Civil: *Sidney Beraldo*

IMPRENSA OFICIAL DO ESTADO DE SÃO PAULO

Diretor-presidente: *Marcos Antonio Monteiro*

CONSELHO EDITORIAL

Presidente: *Carlos Roberto de Abreu Sodré*

MEMBROS

Cecília Scharlach

Eliana Sá

Isabel Maria Macedo Alexandre

Lígia Fonseca Ferreira

Samuel Titan Jr.